Mapas del mundo

hacemos mapas de NORTEAMÉRICA

Emily Jankowski

Gareth Stevens
PUBLISHING

Please visit our website, www.garethstevens.com. For a free color catalog of all our high-quality books, call toll free 1-800-542-2595 or fax 1-877-542-2596.

ISBN 9781538253762 (pbk.)
ISBN 9781538253779 (eBook)

Published in 2020 by
Gareth Stevens Publishing
111 East 14th Street, Suite 349
New York, NY 10003

Translator: Zab Translation Solutions
Designer: Katelyn E. Reynolds
Editor: Kristen Rajczak

Photo credits: Cover, p. 1 (photo) Mariia Sats/Shutterstock.com; cover, pp. 1, 5 (map) Uwe Dedering/Wikipedia.com; cover, pp. 1–24 (banner) kanate/Shutterstock.com; cover, pp. 1–24 (series elements and cork background) iStockphoto/Thinkstock.com; pp. 5 (compass rose), 11 (inset) iStockphoto/Thinkstock.com; pp. 7, 17 (inset) Globe Turner/Shutterstock.com; p. 9 (inset) Hulton Archive/Getty Images; p. 9 (main) NuclearVacuum/Wikipedia.com; p. 11 (main) E Pluribus Anthony at the English Wikipedia project; p. 13 (inset) Gail Johnson/Shutterstock.com; pp. 13 (main), 15 (inset) AridOcean/Shutterstock.com; p. 15 (main) Mauricio Avramow/Shutterstock.com; p. 17 (main) Michele Falzone/AWL Images/Getty Images; p. 19 (inset) Tom Pfeiffer/VolcanoDiscovery/Flickr/Getty Images; p. 19 (main) Cacahuate, translations by Joelf and Globe-trotter/Wikipedia.com; p. 21 (inset) Donald Erickson/E+/Getty Images; p. 21 (main) dalmingo/Shutterstock.com.

Printed in the United States of America

CPSIA compliance information: Batch #CG19WL: For further information contact Gareth Stevens, New York, New York at 1-800-542-2595.

CONTENIDO

Las palabras del glosario aparecen en **negrita** la primera vez que se usan en el texto.

ESTA ES NORTEAMÉRICA

Norteamérica o América del Norte, es el tercer **continente** más grande del mundo. Limita al norte con el océano Ártico y al este con el océano Atlántico. El océano Pacífico bordea al continente al oeste y al sur. Hacia el sudeste se encuentran América del Sur y el mar Caribe.

El **ecuador** separa los **hemisferios** norte y sur. Norteamérica se encuentra por encima del ecuador, es decir, está en el hemisferio norte. Este continente alberga islas, montañas, ríos, lagos, desiertos, bosques tropicales, ¡y mucho más!

¿En qué parte del mundo?

¡En Norteamérica viven casi quinientos cincuenta millones de personas!

La rosa de los vientos, extremo inferior izquierdo, muestra los puntos cardinales norte, sur, este y oeste. Puede ayudarte a encontrar sitios en un mapa.

PAÍSES DE NORTEAMÉRICA

Los países que conforman Norteamérica son: Estados Unidos de América, Canadá y México. Las islas del Caribe, los países de América Central y Groenlandia también son parte de Norteamérica. En muchos de estos países se habla inglés y también otros idiomas como francés, español y holandés.

El mapa político de la siguiente página, muestra las fronteras de cada país. A veces, los accidentes geográficos forman fronteras naturales entre ellos. El Río Grande forma parte de la frontera entre Estados Unidos y México.

¿En qué parte del mundo?

En Norteamérica, Canadá es el país más grande en superficie, pero Estados Unidos es el más poblado.

Norteamérica está conformada por 23 países.

AMÉRICO VESPUCIO

América recibió su nombre gracias al **explorador** italiano Américo Vespucio. A fines de los años 1400 y principios de los 1500, el explorador intentó encontrar una ruta más corta para llegar a Asia. Vespucio fue uno de los primeros en creer que la tierra que había visitado era parte de un nuevo continente y no parte de Asia, como muchos creían.

Vespucio afirmaba que había realizado cuatro viajes de ida y vuelta desde Europa a América. Sin embargo, algunos historiadores creen que es posible que solo hayan sido dos viajes.

¿En qué parte del mundo?

Américo Vespucio conoció a otro explorador llamado Cristóbal Colón. Vespucio ayudó a Colón a preparar su segunda y tercera **expedición.**

Si bien las tierras que visitó Américo Vespucio se ubican en América del Sur, tanto América del Norte como América del Sur llevan el nombre del explorador.

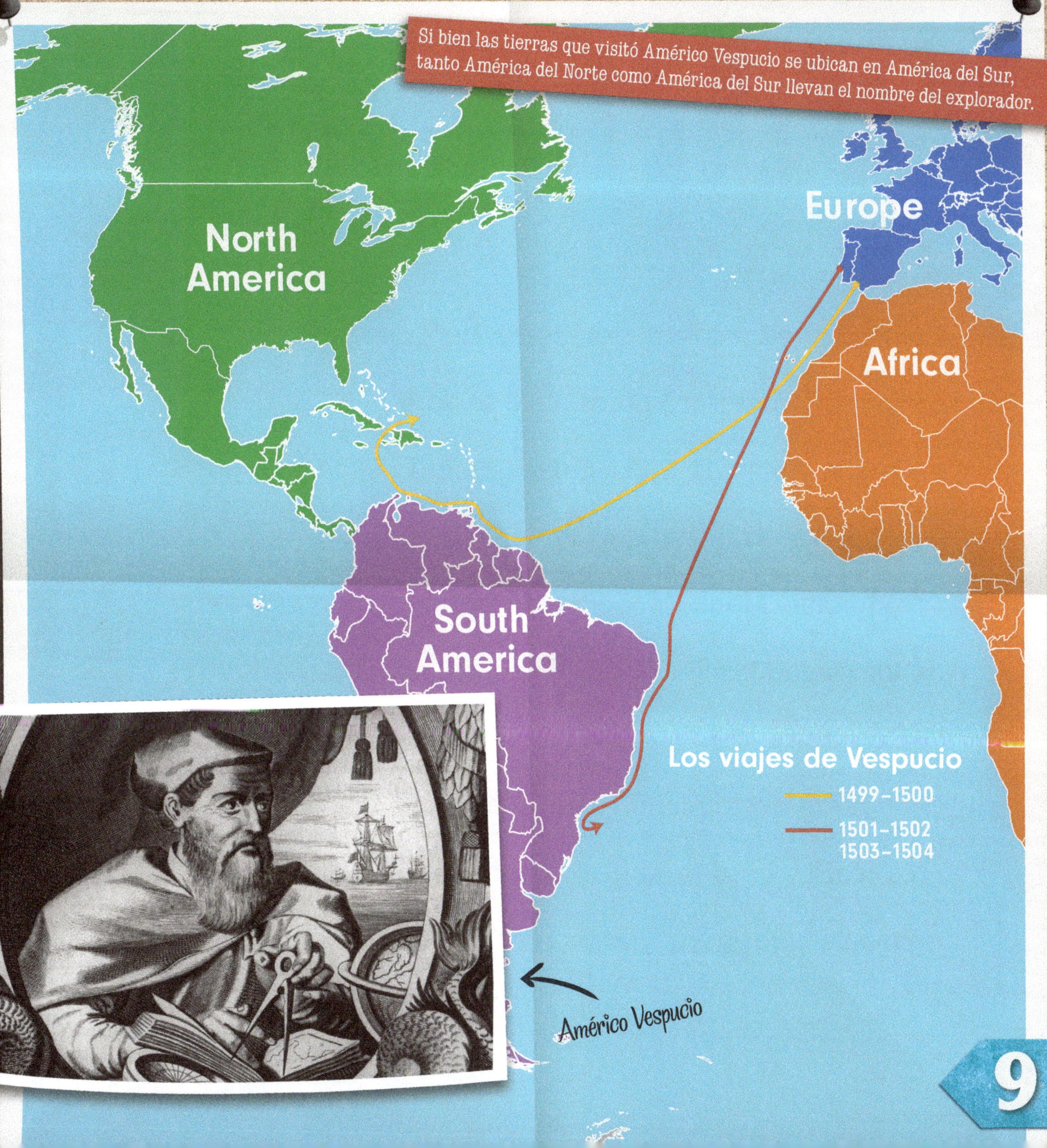

Américo Vespucio

CANADÁ

Canadá es el país más grande de Norteamérica. Está conformada por trece áreas. Diez se llaman provincias, y tres son territorios. El pueblo de Canadá elige a su primer ministro, que es el jefe del Gobierno del país.

Toronto, Montreal, Calgary y Edmonton son algunas de las ciudades más grandes de Canadá. Sus ciudadanos hablan inglés, pero muchos también hablan francés. Gran parte del territorio canadiense es naturaleza y bosque, lo que lo hace un excelente lugar para cazar.

¿En qué parte del mundo?

Las cataratas del Niágara son una de las principales atracciones de Canadá. Es la cascada más grande del mundo, considerando el caudal de agua que mueve.

Este mapa político de Canadá muestra las fronteras de las provincias y los territorios; también indica las principales ciudades y masas o extensiones de agua.

Las cataratas del Niágara

ESTADOS UNIDOS DE AMÉRICA

Estados Unidos está ubicado en el centro de Norteamérica y está conformado por 50 estados, incluidos Alaska y Hawái. Los estados son completamente diferentes entre sí; el clima varía desde veranos calurosos y **húmedos** en Florida hasta inviernos muy fríos en Alaska. Texas es mayormente soleado, mientras que el estado de Washington es lluvioso.

Las montañas Rocosas se encuentran en la parte oeste; los montes Apalaches están en el este. Estas dos cadenas montañosas impactan en el clima de Estados Unidos.

¿En qué parte del mundo?

A comienzos de 2013, unos 315 millones de personas vivían en Estados Unidos. La ciudad más grande es Nueva York, en el estado de Nueva York.

Un mapa físico muestra los accidentes geográficos de un área. Este mapa de Estados Unidos incluye el monte McKinley en Alaska, la montaña más alta de Norteamérica.

monte Mckinley

MÉXICO

México está ubicado entre Estados Unidos y América Central y su extensión territorial es aproximadamente una quinta parte de Estados Unidos. Su capital, Ciudad de México, es una de las ciudades más grandes del mundo.

La **meseta** mexicana conforma la región central del país. Hacia el este y el oeste se extienden grandes cadenas montañosas. Debido a que la tierra es árida y montañosa, muchas regiones de México no son buenas para la agricultura. Sin embargo, se cultiva trigo, maíz y frijoles en lugares donde la tierra es buena para el cultivo.

¿En qué parte del mundo?

México está ubicado en el Anillo de Fuego. Esta área, situada en las costas del océano Pacífico, es una de las zonas **volcánicas** más activas del planeta.

La Ciudad de México está ubicada en una cuenca llamada Valle de México. ¡La gente ha vivido aquí durante miles de años!

EL CARIBE

En el Caribe ¡hay más de 7,000 pequeñas islas! A veces se las llama Indias Occidentales, porque Cristóbal Colón pensó que había llegado a la India de Asia. Todas estas islas están ubicadas en el océano Atlántico y el mar Caribe. Algunas de ellas son países, como Jamaica, Cuba y Barbados.

Las islas del Caribe están muy cerca del ecuador. Se las conoce por sus hermosas playas, sus palmeras y por el clima **tropical**. Muchos eligen este lugar para vacacionar.

¿En qué parte del mundo?

Algunas islas, como las islas Vírgenes Británicas y las islas Vírgenes de Estados Unidos, están dirigidas por otras naciones.

Si visitas el Caribe, ¡ten por seguro que verás un paisaje asombroso!

AMÉRICA CENTRAL

América Central está integrada por siete países: Belice, Guatemala, Honduras, Nicaragua, El Salvador, Costa Rica y Panamá. Esta región de América es considerada parte de América del Norte y conecta a México con América del Sur. Debido a que América Central está cerca del ecuador, el clima es muy cálido la mayor parte del año.

América Central tiene bosques tropicales, playas y muchas montañas. La cordillera de los Andes comienza en América Central y continúa hasta América del Sur. La Sierra Madre también recorre esta parte de Norteamérica.

¿En qué parte del mundo?

Nicaragua es el país más grande de América Central.

Hay muchos volcanes activos en América Central, incluidos los que se señalan en este mapa.

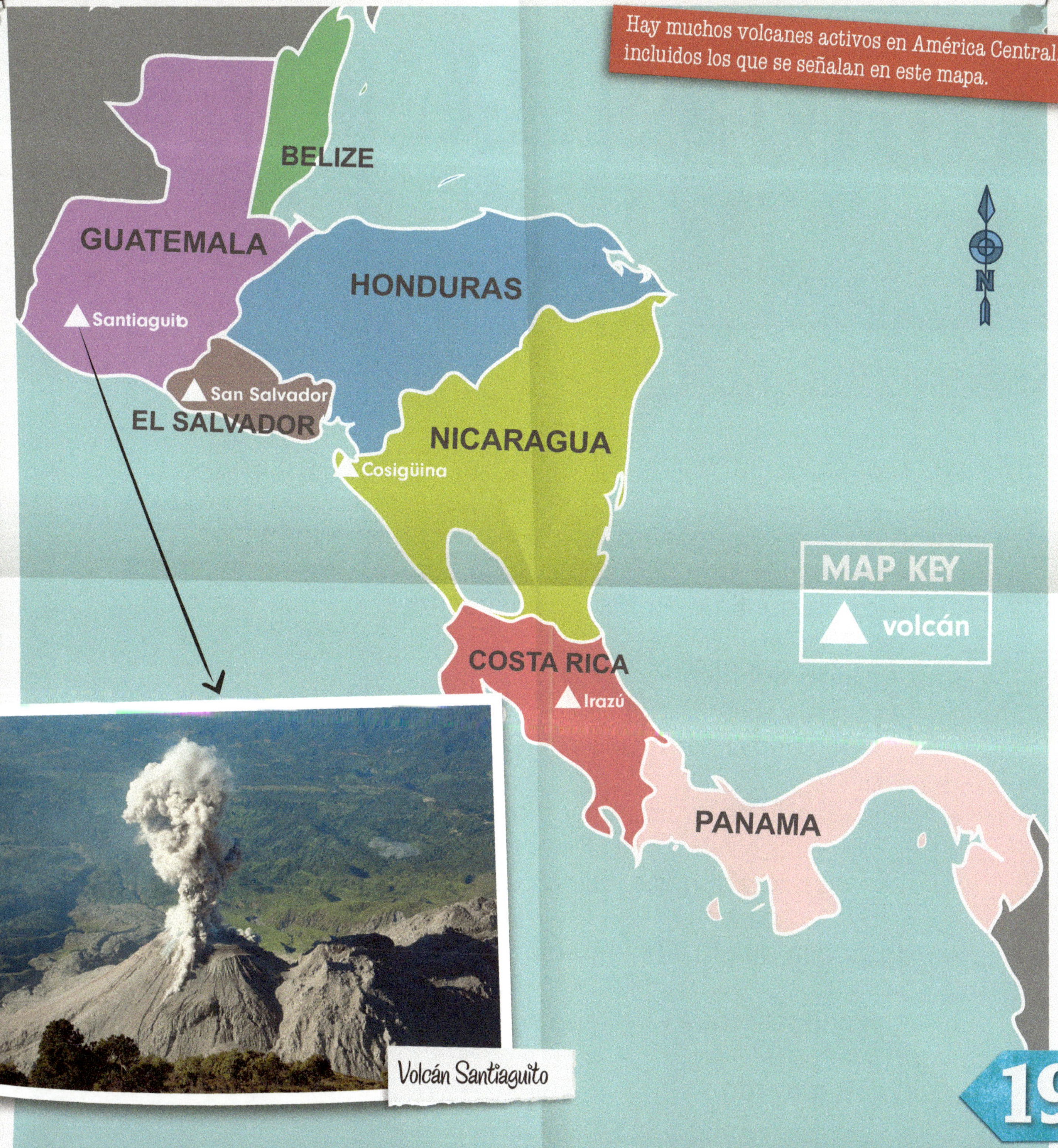

Volcán Santiaguito

GROENLANDIA

¡Groenlandia es la isla más grande del mundo! También es extremadamente fría. En promedio, la temperatura rara vez supera los 50 °F (10 °C). En Groenlandia hay muchos icebergs; son enormes trozos de hielo que pueden tener millas de largo. En esta isla se encuentra el parque nacional más grande del mundo.

Groenlandia está rodeada por los océanos Atlántico y Ártico, que tiene aguas muy frías por su ubicación tan al norte. Estos cuerpos de agua enfrían constantemente la tierra y hacen que el clima en esta isla sea muy frío.

¿En qué parte del mundo?

Si bien Groenlandia es parte de Dinamarca, también tiene su propio gobierno.

Datos curiosos sobre Norteamérica.

El río Misuri en Estados Unidos es el río más largo de Norteamérica.

El lago Superior es el lago de agua dulce más grande del mundo. Está ubicado en la frontera entre Estados Unidos y Canadá.

La temperatura más alta en Norteamérica se registró en el Valle de la Muerte, California, en 1913. Alcanzó los 134 °F (57 °C).

La temperatura más baja en Norteamérica se registró en Yukón, Canadá, en 1947. Llegó a −81 °F (−63 °C).

No hay ningún lugar de América Central que esté a más de 125 millas (200 km) del océano.

GLOSARIO

continente: cada una de las siete grandes masas de tierra del planeta Estos son: Asia, África, Europa, Australia, Antártida, América del Norte y América del Sur.

ecuador: línea imaginaria que rodea la Tierra y está a la misma distancia del polo norte y sur.

expedición: viaje que se realiza habitualmente en un barco.

explorador: una persona que viaja para hallar cosas nuevas.

hemisferio: una de las mitades de la Tierra.

húmedo: mojado.

meseta: área de tierra plana que es más alta que el terreno que la rodea.

tropical: relacionado con las partes cálidas de la Tierra cerca del ecuador.

volcán: una abertura en la superficie de un planeta a través de la cual, a veces, fluye roca caliente y líquida.

PARA MÁS INFORMACIÓN

Libros

Aloian, Molly, and Bobbie Kalman. *Explore North America.* New York, NY: Crabtree Publishing, 2007.

Mara, Wil. *The Seven Continents.* New York, NY: Children's Press, 2005.

Olien, Rebecca. *Map Keys.* New York, NY: Children's Press, 2012.

Sitios de Internet

How Stuff Works: Maps of North America
maps.howstuffworks.com/maps-of-north-america.htm
¡Utilice mapas interactivos de las diferentes áreas de Norteamérica para obtener mas información!

World Atlas: North America
www.worldatlas.com/webimage/countrys/na.htm
Utilice este sitio de Internet para aprender más sobre Norteamérica; se incluye datos curiosos, nativos famosos, banderas y mapas.

ÍNDICE